Carlos Seabra e Sérgio Maciel

ABC da robótica
Um passeio pelo incrível mundo dos robôs e da tecnologia

ilustrações
Guazzelli

trix

Copyright do texto © 2024: Carlos Seabra e Sérgio Maciel
Copyright das ilustrações © 2024: Guazzelli

Diretor editorial: **Paulo Tadeu**
Editora: **Cristina Yamazaki**
Capa e projeto gráfico: **Danieli Campos** e **Patricia Delgado da Costa**
Fotos dos autores: **Maíra Soares** (Carlos Seabra), **Marcos Muzi** (Guazzelli)
e **Dulce Seabra** (Sérgio Maciel)

Direitos em língua portuguesa para o Brasil: Editora Trix
www.editoratrix.com.br

DADOS INTERNACIONAIS DE CATALOGAÇÃO NA PUBLICAÇÃO (CIP)
ANGÉLICA ILACQUA CRB-8/7057

S444a
    Seabra, Carlos
        ABC da robótica / Carlos Seabra e Sérgio Maciel; ilustrações de Guazzelli. – 1 ed. – [S.l. ; Trix, 2024.
        72 p. ; il., color ; 20 x 27 cm

        ISBN 978-65-5616-456-4

        1. Literatura infantojuvenil 2. Robôs 3. Tecnologia I. Título II. Maciel, Sérgio III. Guazzelli

24-1891   CDD 808.899282
                                                                                                             CDU 087.5

É proibida a reprodução, mesmo que parcial, por qualquer meio,
sem autorização escrita dos autores e do detentor dos direitos autorais.

Prazer em fazer

Saber usar a tecnologia e tirar dela o máximo proveito é importante. Saber usar ferramentas para realizar projetos e ter autonomia para fazer pequenos reparos é igualmente importante, além de divertido. No mundo ideal, todas as pessoas devem ter a oportunidade de desenvolver suas habilidades e obter conhecimentos.

Este livro é um passeio divertido por conceitos e componentes de robótica e tecnologia. Além disso, é um estímulo para que as crianças encontrem no saber e no fazer todo prazer e aprendizado que as atividades mão na massa oferecem.

Mais do que um convite ao conhecimento e à realização de projetos, criamos um livro que pode ser uma iniciação sobre o saber e o prazer de fazer algo com as próprias mãos e com a imaginação.

Então, mãos à obra!

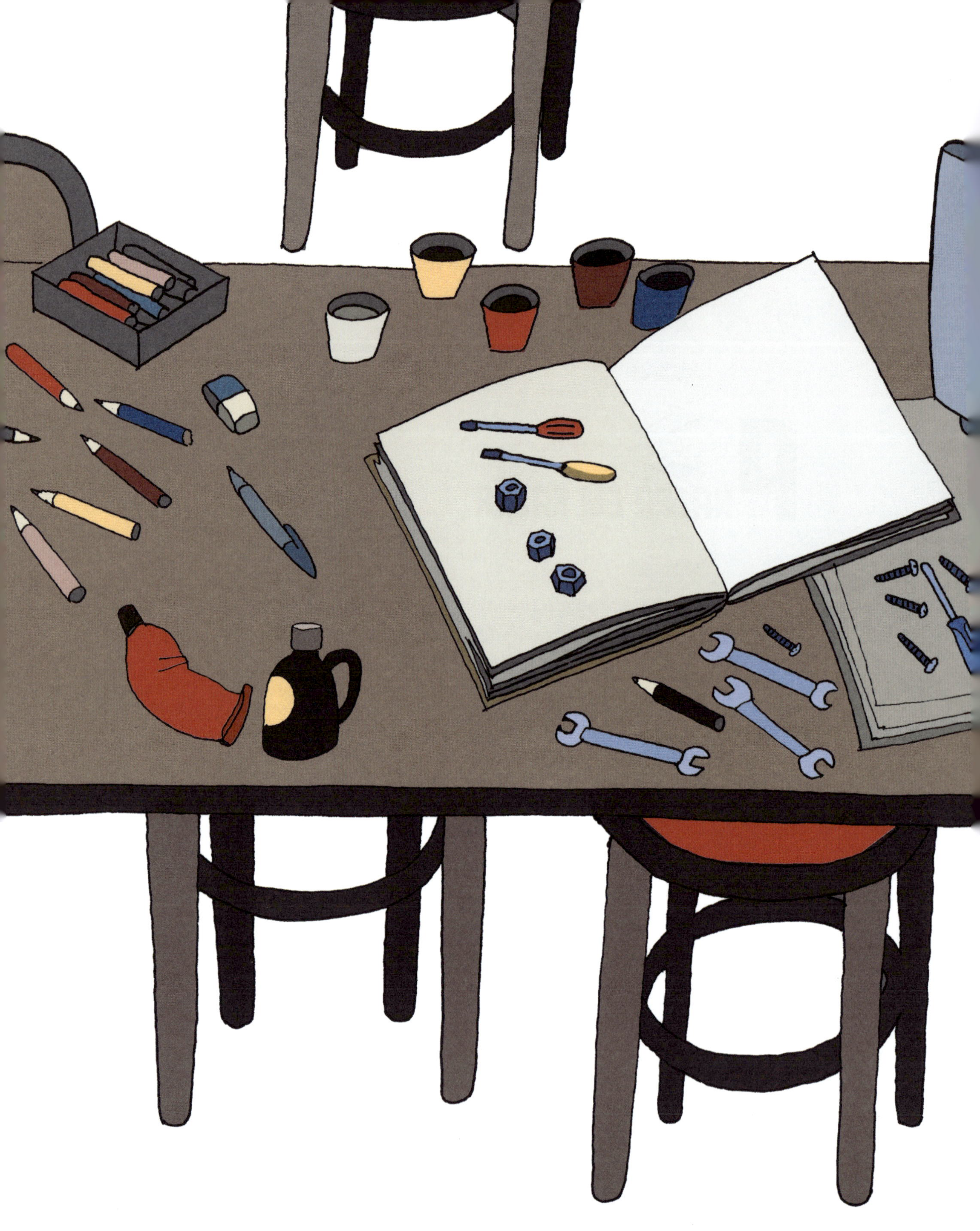

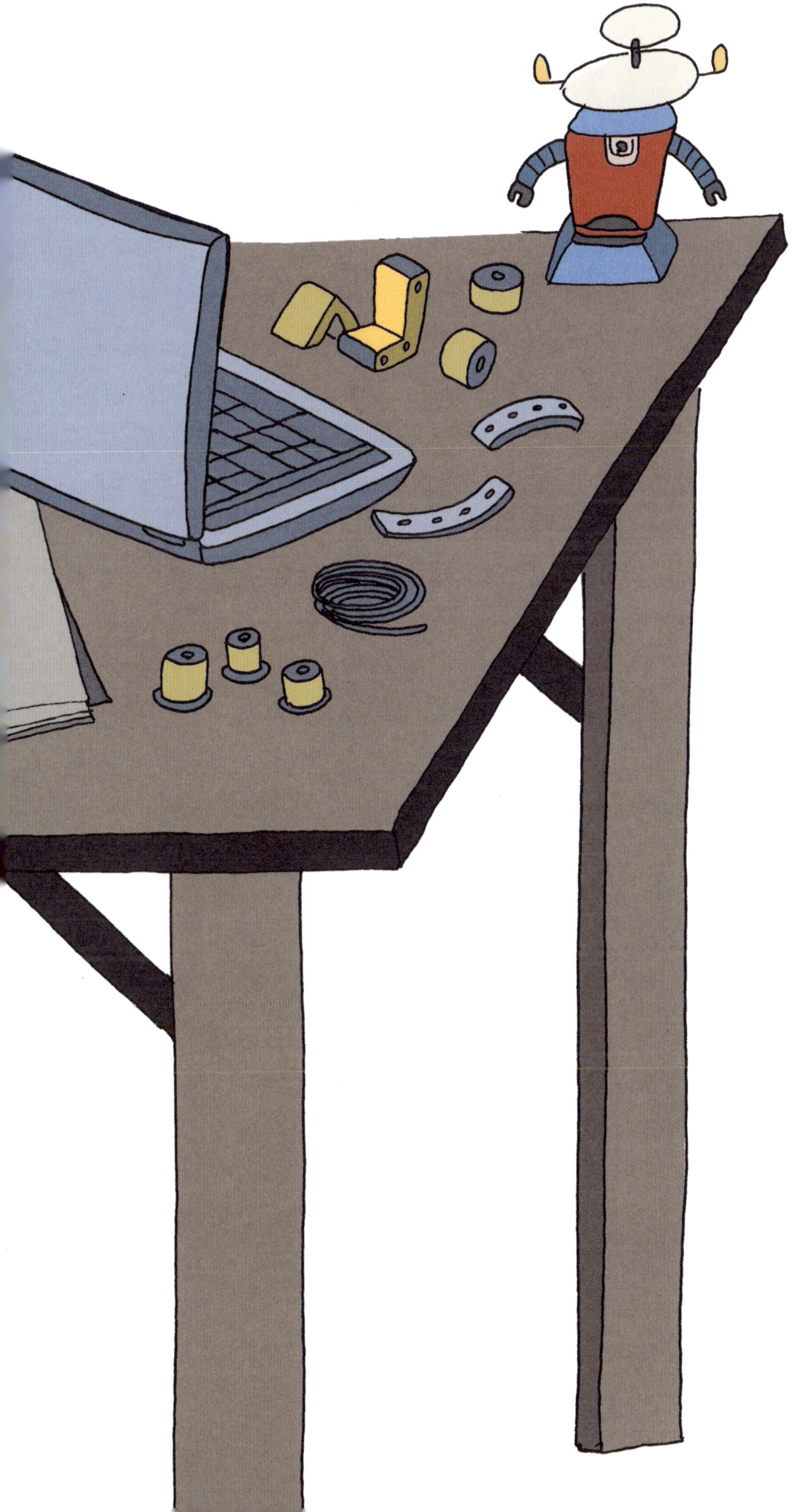

ABC da robótica

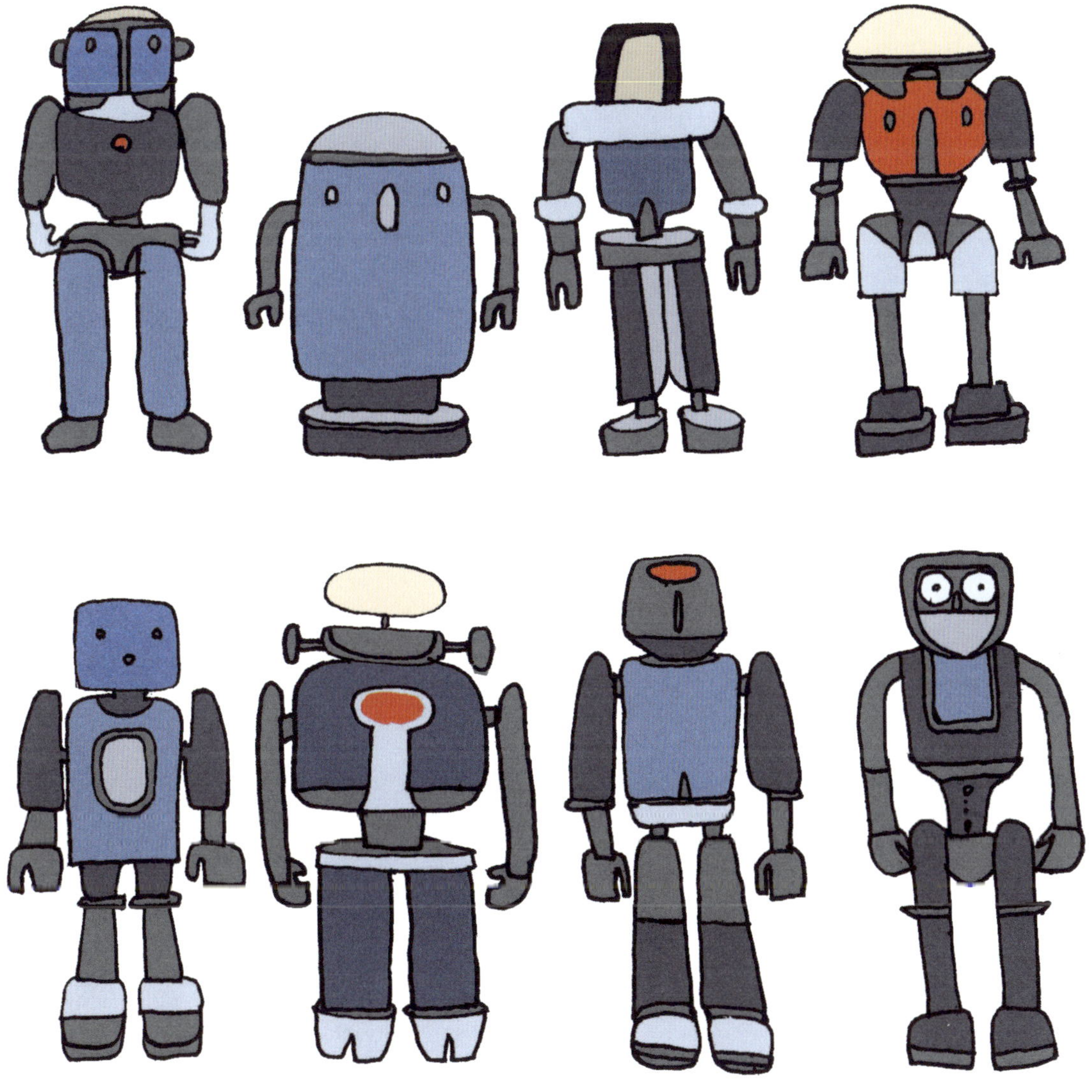

Arduino

Placa que tem componentes eletrônicos. É muito simples, fácil de programar e barata. Por isso é um ótimo começo para programar os movimentos do seu robô.

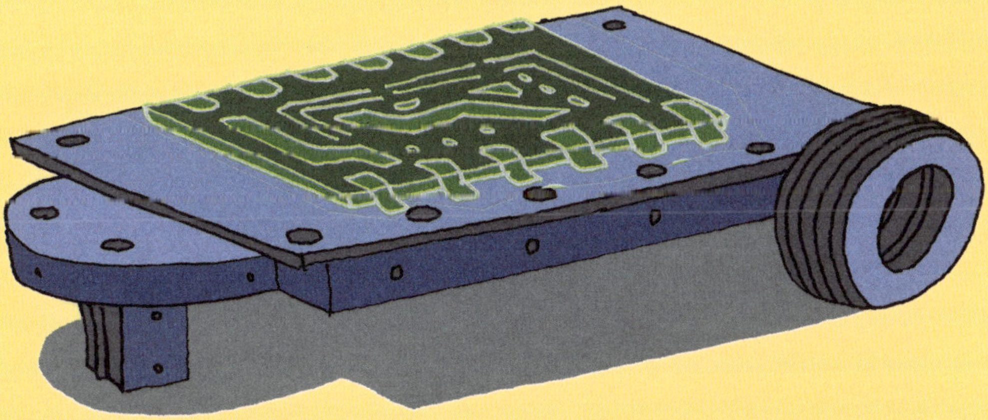

BATERIA

Elas têm energia acumulada.
São muito úteis na hora de
dar vida ao seu robô.

COMANDO

Comandos são instruções que os robôs devem seguir. Ande, corra, vire, voe, fique parado no lugar... coisas desse tipo. Se o robô não atender ao comando, é porque tem alguma coisa errada. Continue tentando!

Desafio

Desafio é ter de fazer algo difícil, que exige grande esforço. Você pode ser desafiado a construir um robô, por exemplo, e depois seu robô pode desafiar outro robô em uma competição. Que tal? Seria bem divertido.

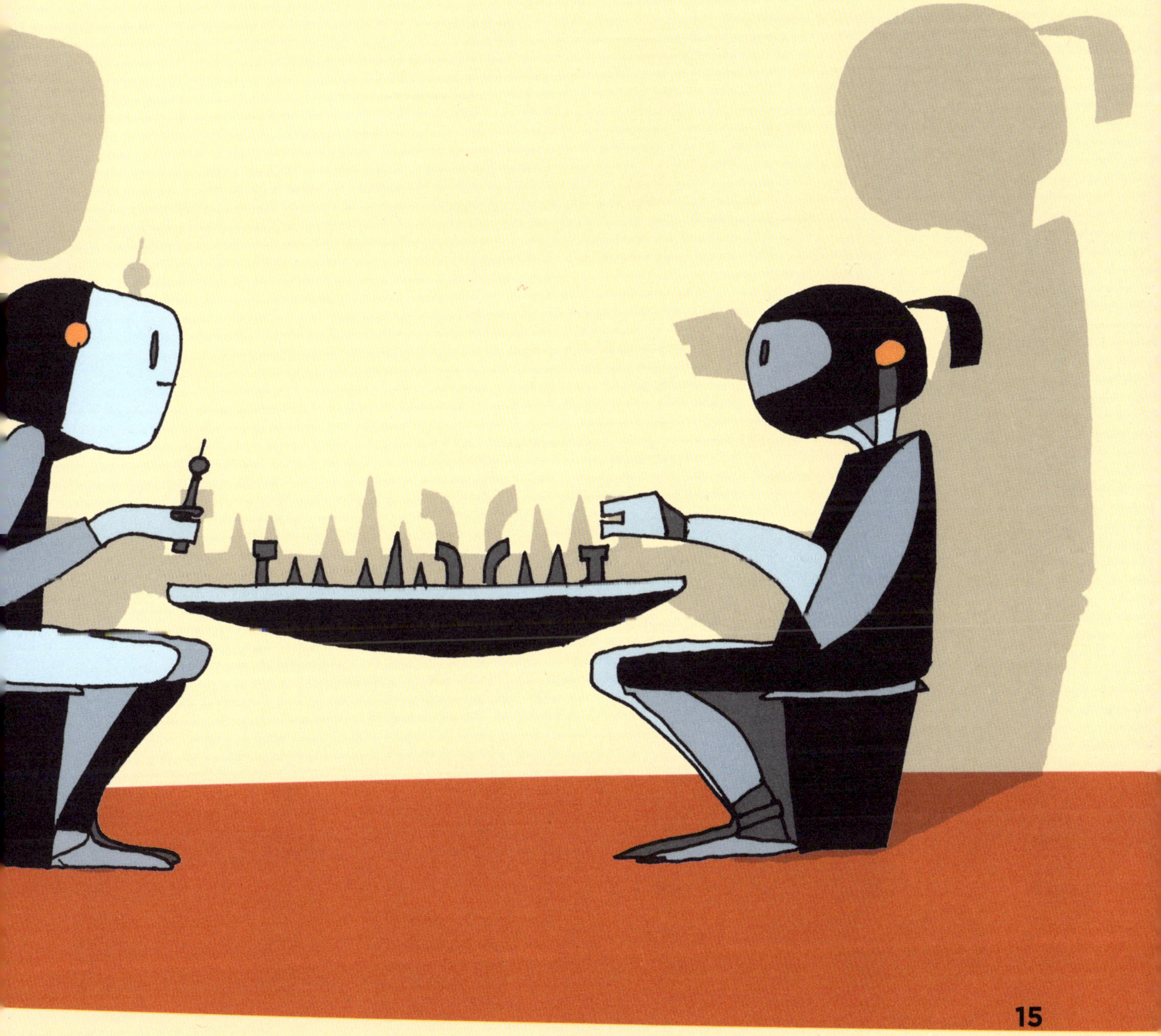

Engrenagem

Engrenagens são peças em formato de roda, com dentes na borda. Elas servem para transmitir o movimento do motor para outras peças. Cada engrenagem resulta em um efeito diferente. Experimente e verá!

Ferramenta

Existem muitas. Martelo, alicate, grifo, serrote... e cada uma tem sua função. Com elas podemos construir qualquer coisa! "Dê-me uma alavanca e moverei o mundo", disse Arquimedes.

Garra

Dispositivo para agarrar ou segurar objetos. Seria como a mão do seu robô.

21

Hedy Lamarr

Atriz de cinema e inventora austríaca que teve papel importante na inovação tecnológica. Seu trabalho permitiu desenvolver o que hoje conhecemos como *wi-fi* e *bluetooth*. Muitos robôs recebem comandos por meio de *bluetooth* ou *wi-fi*. E o seu robô, como recebe os comandos?

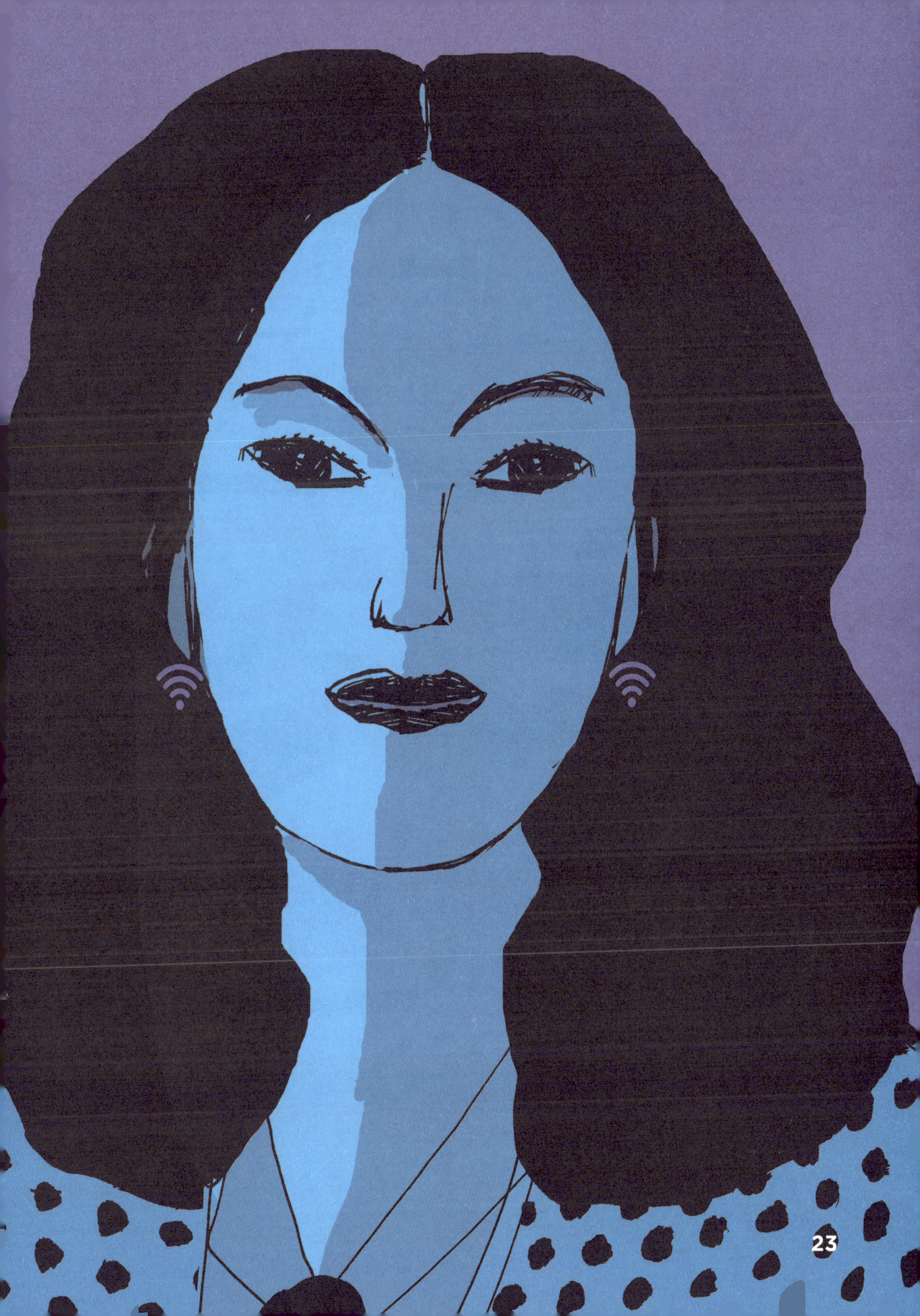

Inteligência Artificial

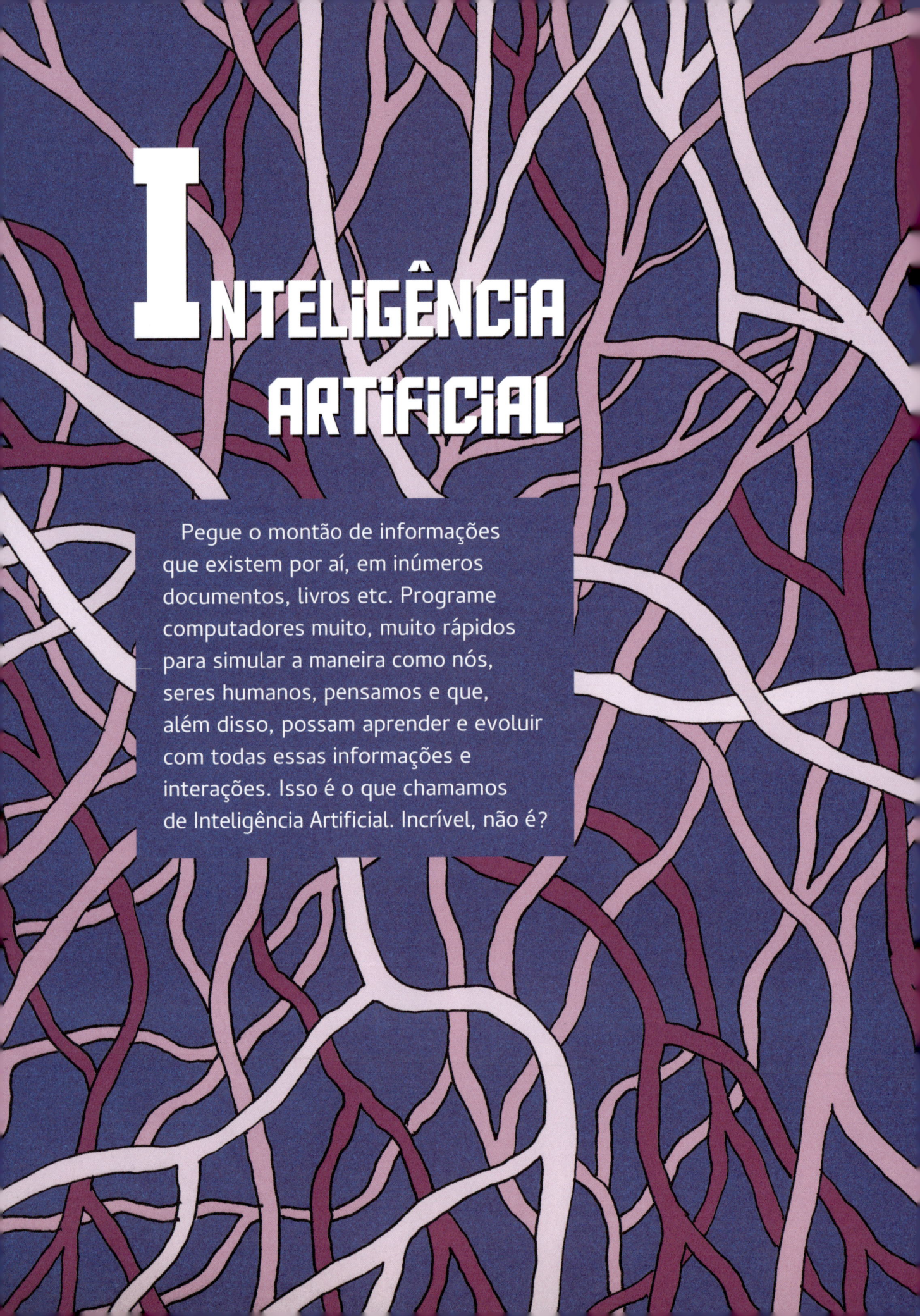

    Pegue o montão de informações que existem por aí, em inúmeros documentos, livros etc. Programe computadores muito, muito rápidos para simular a maneira como nós, seres humanos, pensamos e que, além disso, possam aprender e evoluir com todas essas informações e interações. Isso é o que chamamos de Inteligência Artificial. Incrível, não é?

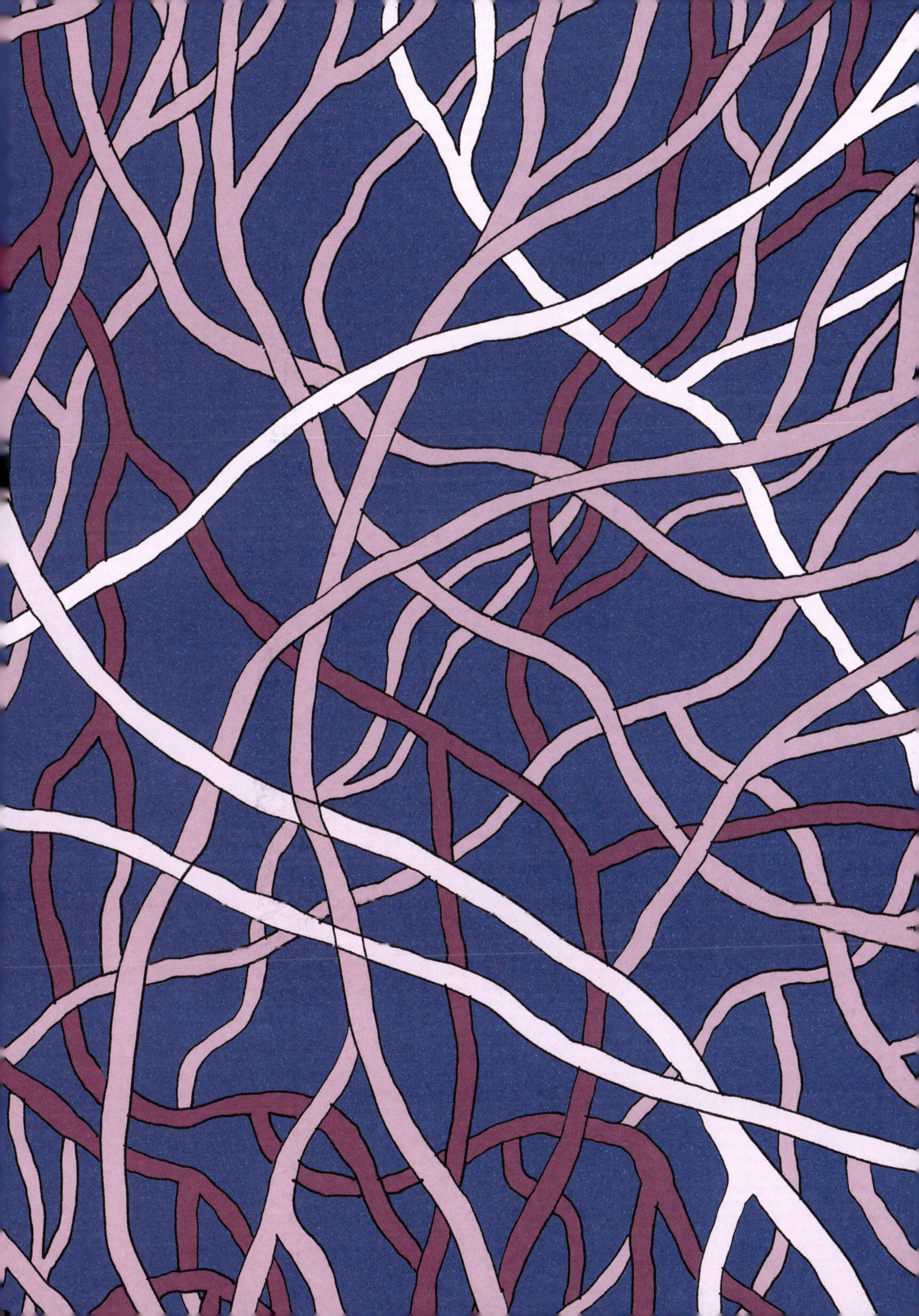

Jacaré

Todo mundo sabe que é um bicho, mas também é o nome de um conector de fios muito usado para construir robôs.

27

Karel Capek

Escritor tcheco que inventou a palavra "robô". Em 1920, ele escreveu uma história em que uma fábrica produzia seres artificiais. Em tcheco, *robota* significa "trabalho forçado", o que inspirou o autor a designar os trabalhadores artificiais como *robots*. Essa foi a primeira vez que se usou uma palavra para nomear o que era conhecido como "dispositivo eletromecânico". Melhor chamar de robô, não é mesmo?

Loop

Em programação, *loop* é um comando para repetir uma instrução ou várias. Também podemos programar o robô para fazer um *loop*, que é o movimento em que ele dá uma volta completa sobre si mesmo e segue em frente, ou quando fica repetindo um movimento ou uma ação indefinidamente. Dá até para ficar meio tonto!

31

Motor

Também poderia ser M de Movimento, porque qualquer movimento que um robô faz tem um motor para ajudar. Sem motor, seu robô fica parado.

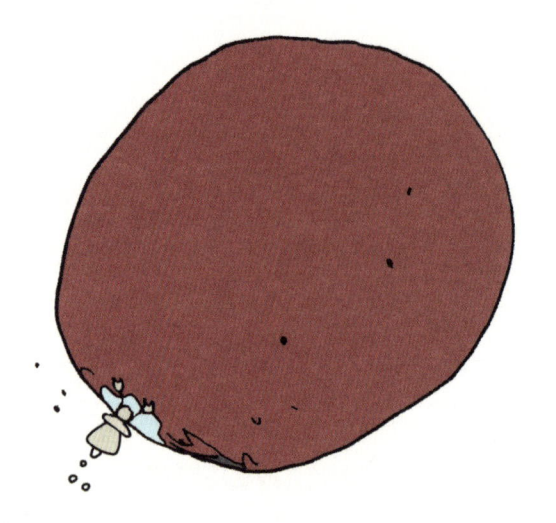

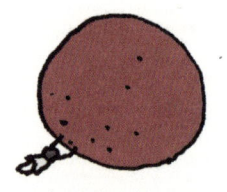

Nanorrobô

Quando usamos "nano" antes de uma palavra, estamos falando de coisas que são extremamente pequenas. Um nanorrobô é um robô tão pequeno que pode ser inserido no corpo humano para fazer exames ou para curar doenças.

Obstáculo

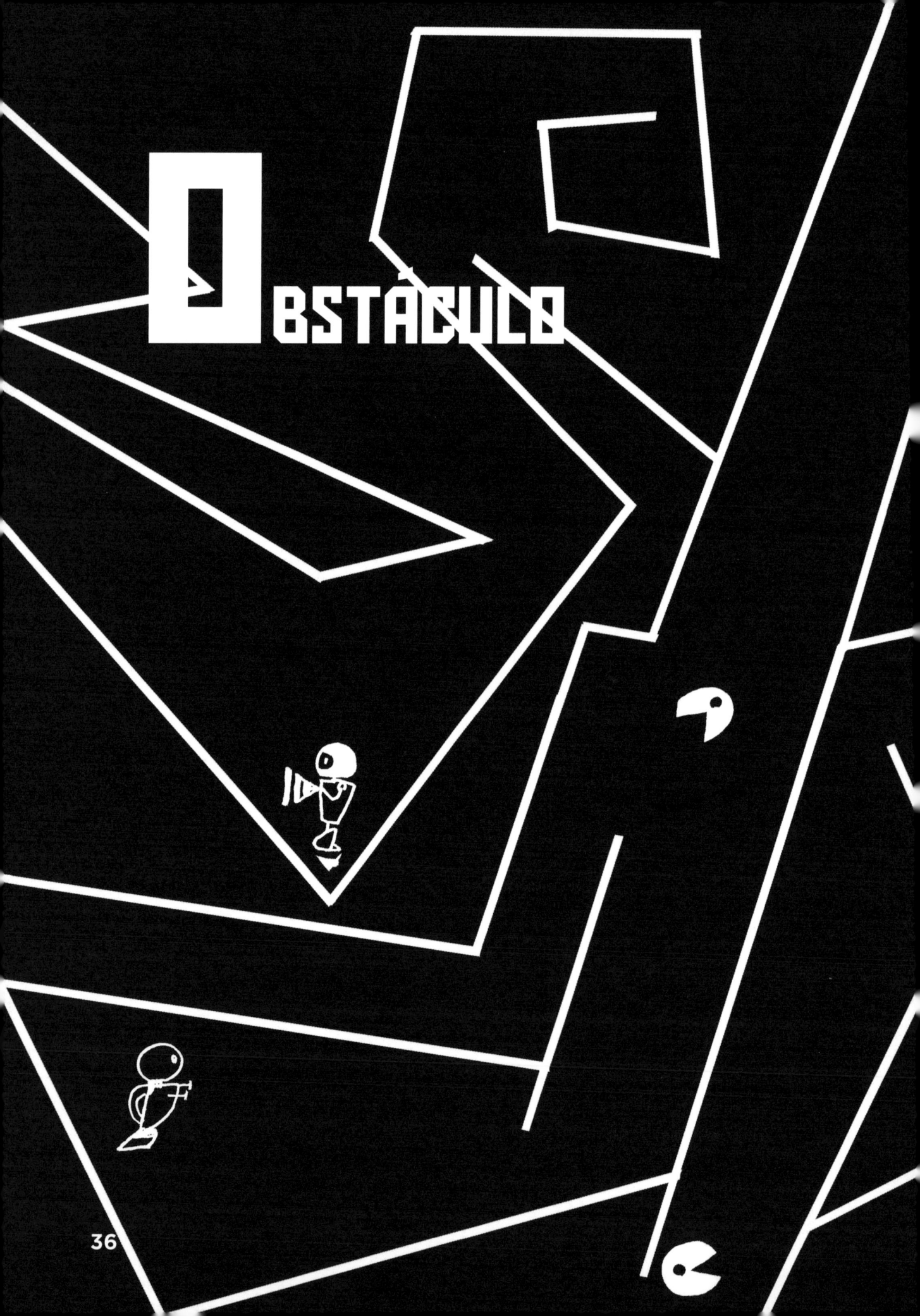

Obstáculos são barreiras ou impedimentos que seu robô pode encontrar pelo caminho. Ele tem que estar preparado para tudo: desviar, saltar, passar por baixo... O importante é seguir em frente e cumprir seu objetivo.

Protótipo

É um modelo básico do seu projeto. Dá uma ideia de como o projeto pode ficar se construído por completo. Digamos que é um modelo simplificado da sua ideia. É só para ver se dá certo, ver como é que fica. Testar. Validar hipóteses.

39

Quebrado

Dificilmente seu robô ficará sempre inteiro, fazendo tantas estrepolias. Acredite, acidentes acontecem. Aí é hora de botar a mão na massa e consertá-lo!

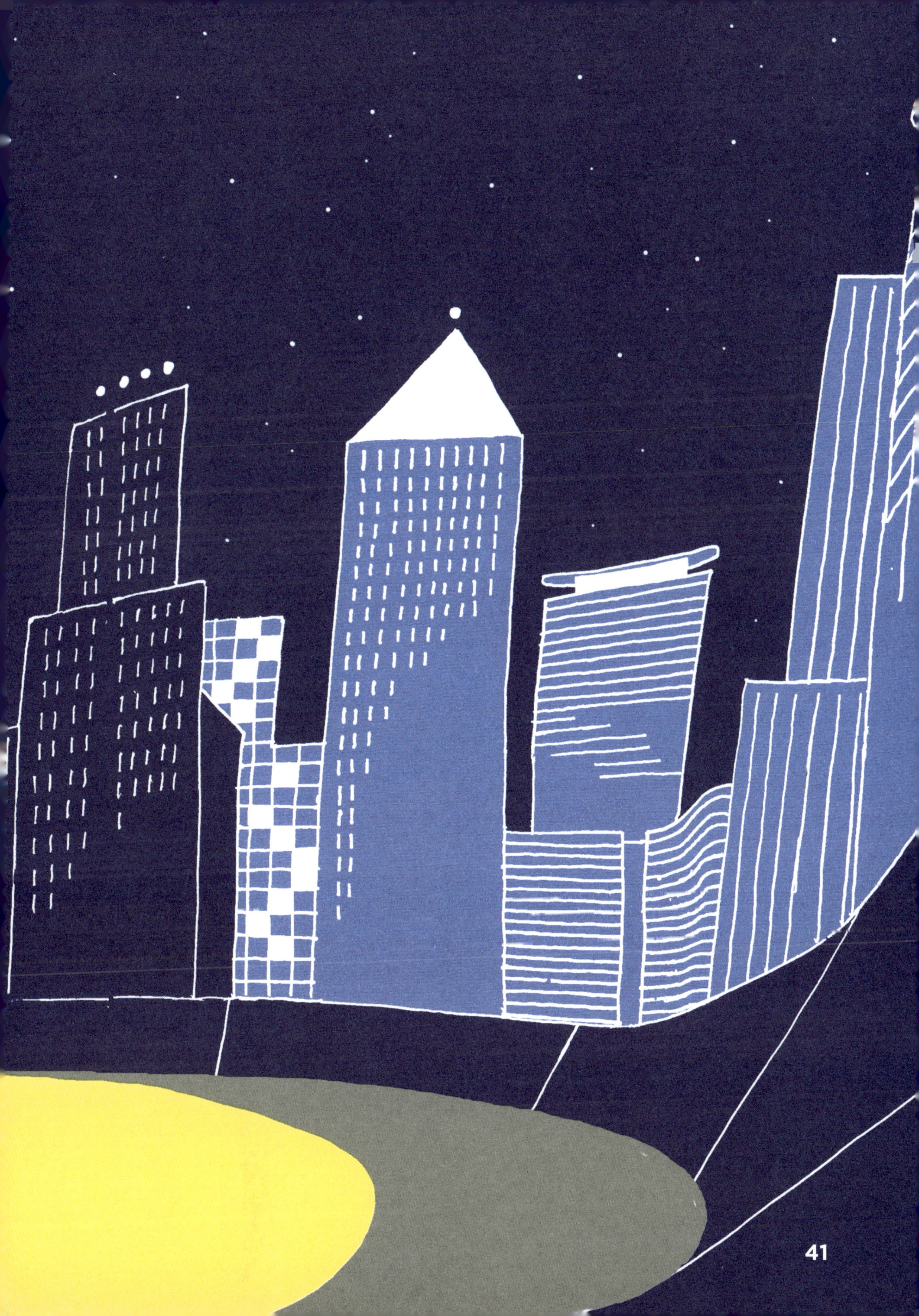

Robô

Os robôs podem ser construídos e programados para realizar coisas que nós, humanos, não podemos fazer porque são perigosas ou que não queremos fazer por serem muito repetitivas e chatas. Já pensou em criar um robô para lavar a louça? Ops, mas isso já existe. Sim, a máquina de lavar pratos é um tipo de robô.

Que tal você criar um robô para arrumar seu quarto? Podemos chamá-lo de MAE, Máquina de Arrumar Espaços.

Sensores

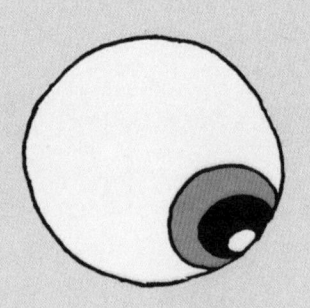

É com eles que seu robô percebe o mundo à sua volta. Tem sensor de luz, de som, de temperatura, de movimento... Podemos dizer que os sensores são os olhos e os ouvidos do seu robô.
Sorria, você pode estar sendo observado.

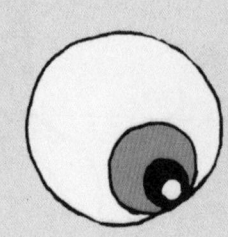

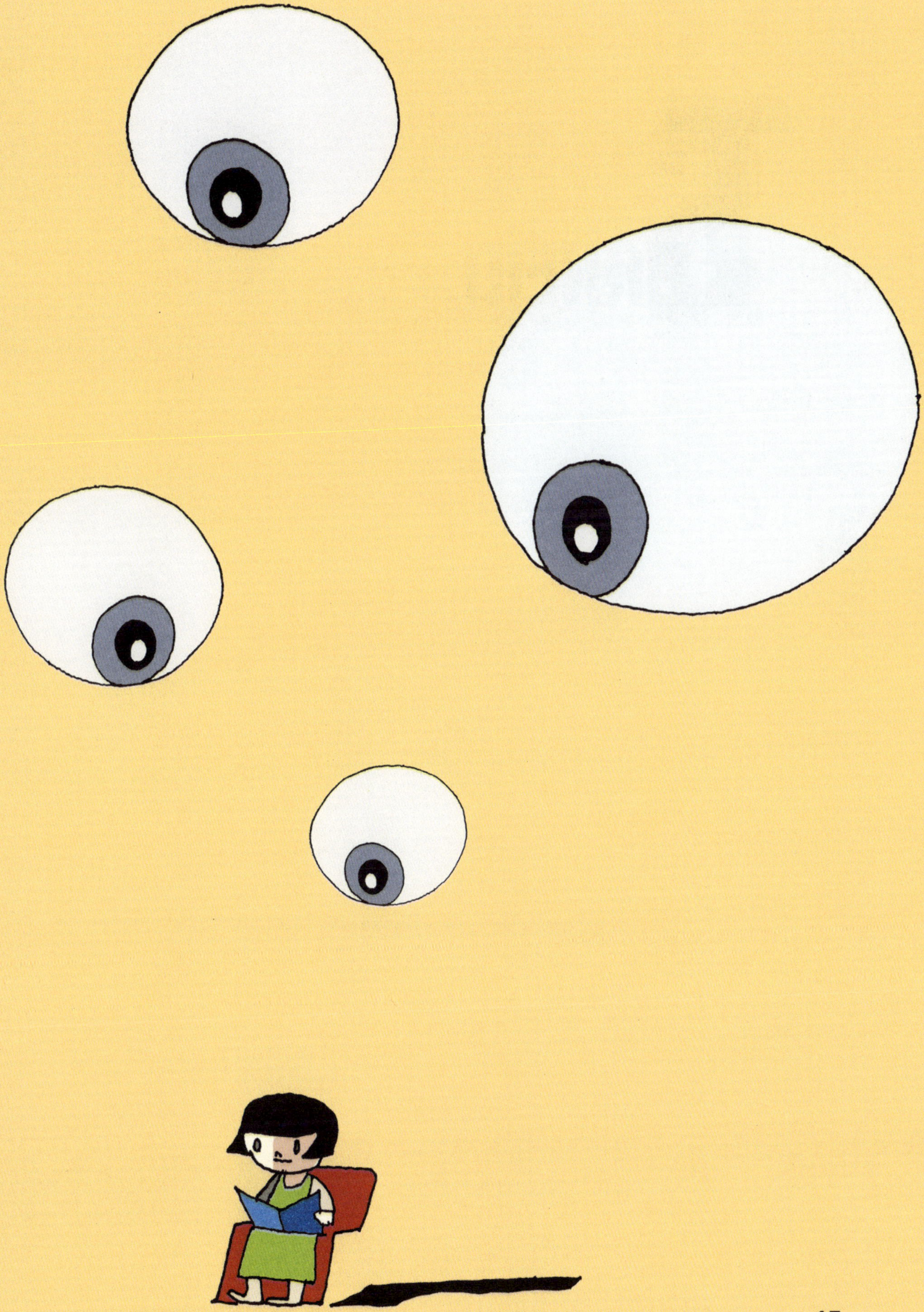

Torneio

Uma das coisas mais divertidas de fazer com robôs são os torneios de robótica. Milhares de estudantes no Brasil e no mundo participam dessas competições. Procure saber mais sobre FLL, FTC, OBR e TBR* na internet e, se tiver uma oportunidade, não deixe de participar!

* First Lego League (FLL), First Tech Challenge (FTC), Olimpíada Brasileira de Robótica (OBR) e Torneio Brasileiro de Robótica (TBR).

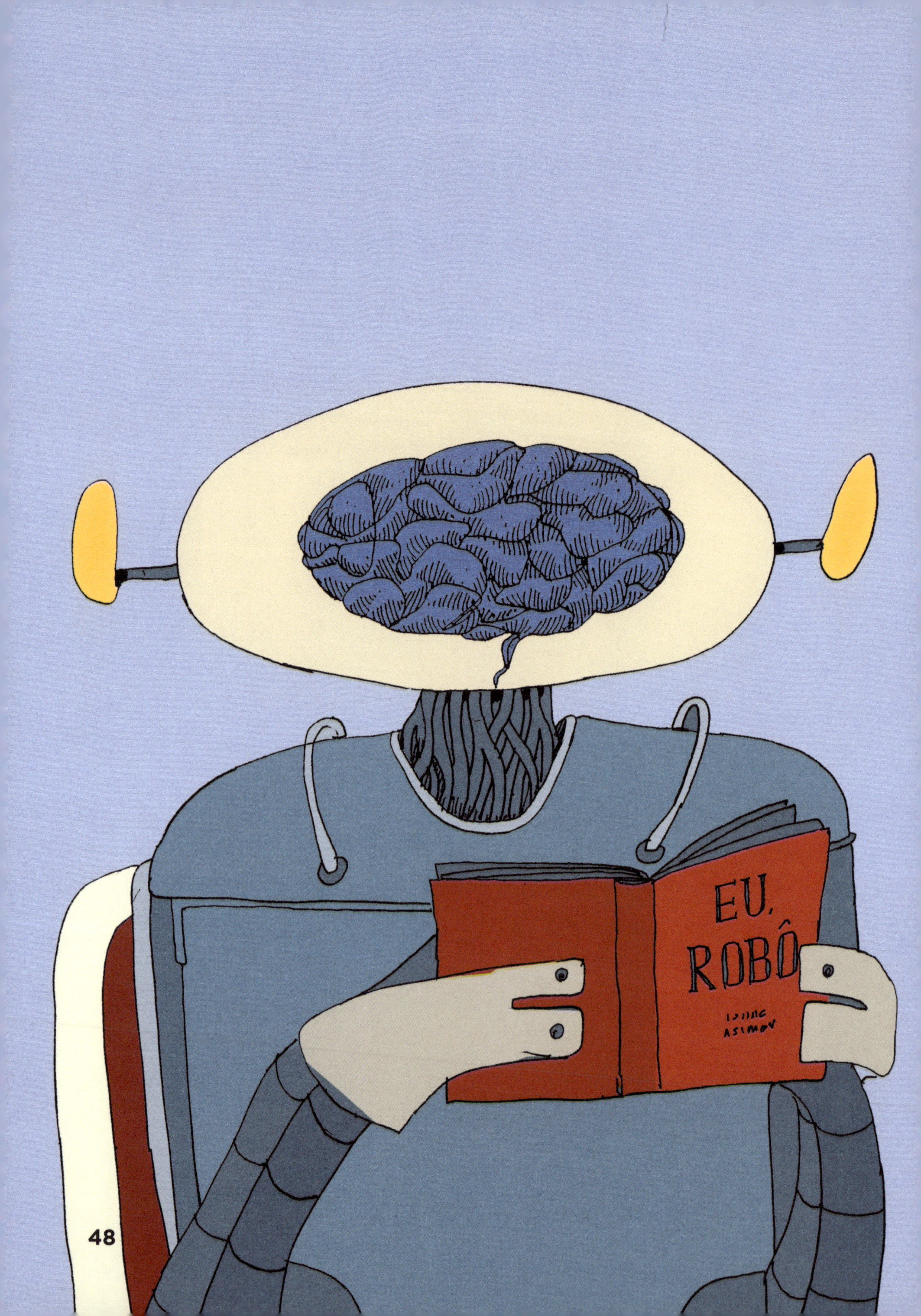
EU, ROBÔ
ASIMOV

Unidade Lógica

É onde ficam armazenados os comandos para o seu robô executar. É quase como o cérebro do seu robô.

Validar

Sabe quando você acha que uma coisa é uma coisa e faz um teste para descobrir se é ou não é? Pois é. Esse teste serve para validar aquilo que você acha que é. Que confusão!

Vamos tentar simplificar: você acha que seu robô consegue percorrer dez metros em trinta segundos. A única maneira de saber se isso é verdade ou não é testando. Esse teste validará o que você acha. Ou provará que você estava errado. Então, cronômetro na mão, 1, 2, 3 e já!

Wireless

Alguns robôs recebem comandos via *wireless*, direto do celular ou do computador. Parece até telepatia. Aí, sim! Nada de fios para atrapalhar.

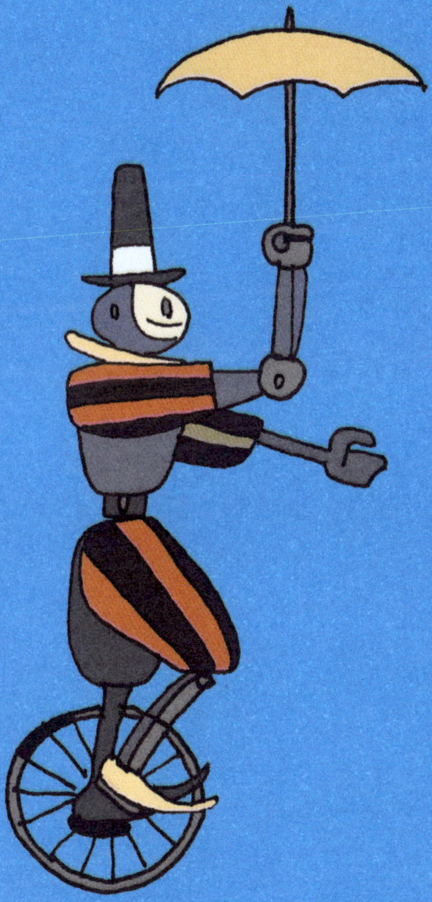

Xii

É o que você fala quando testa seu robô e ele falha no comando. "Xii, vou ter que começar tudo de novo..."

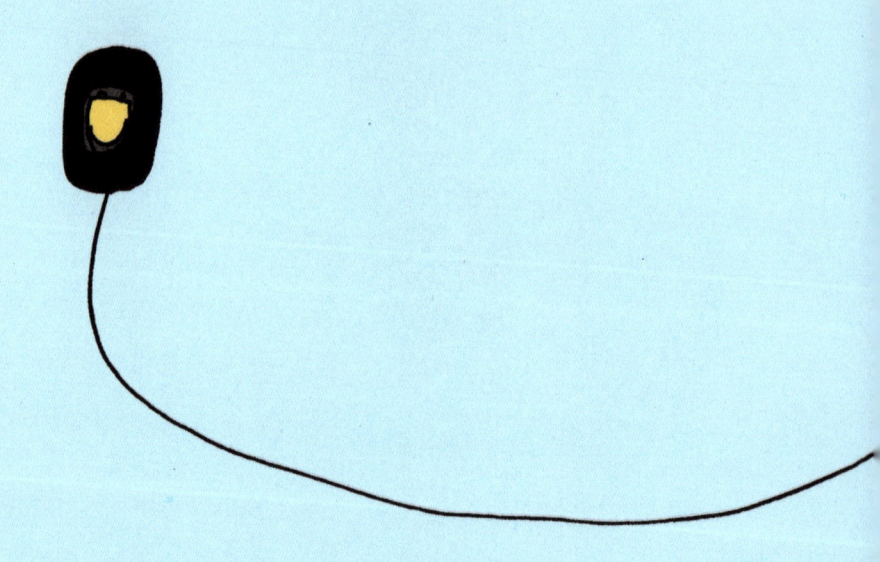

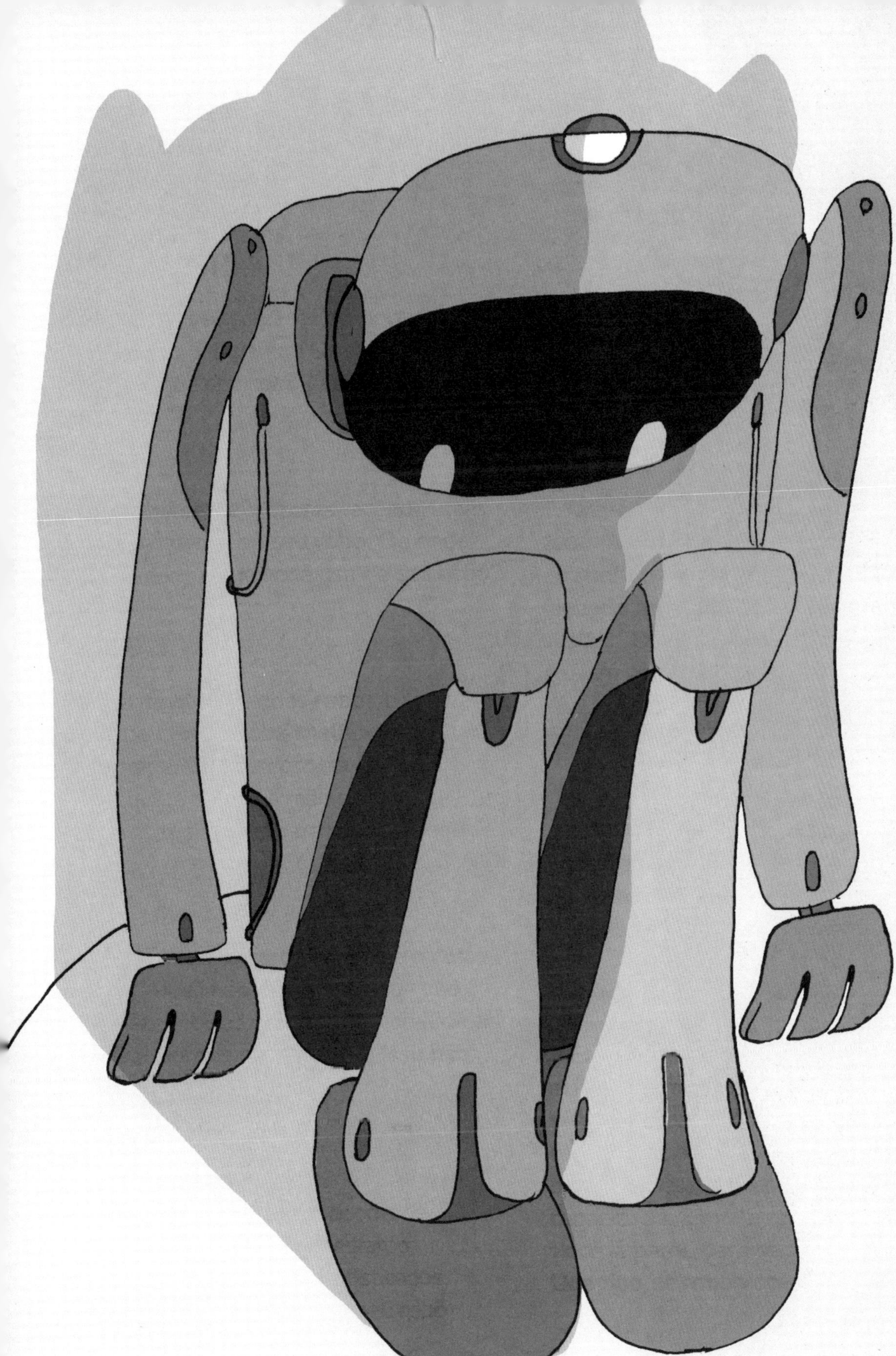

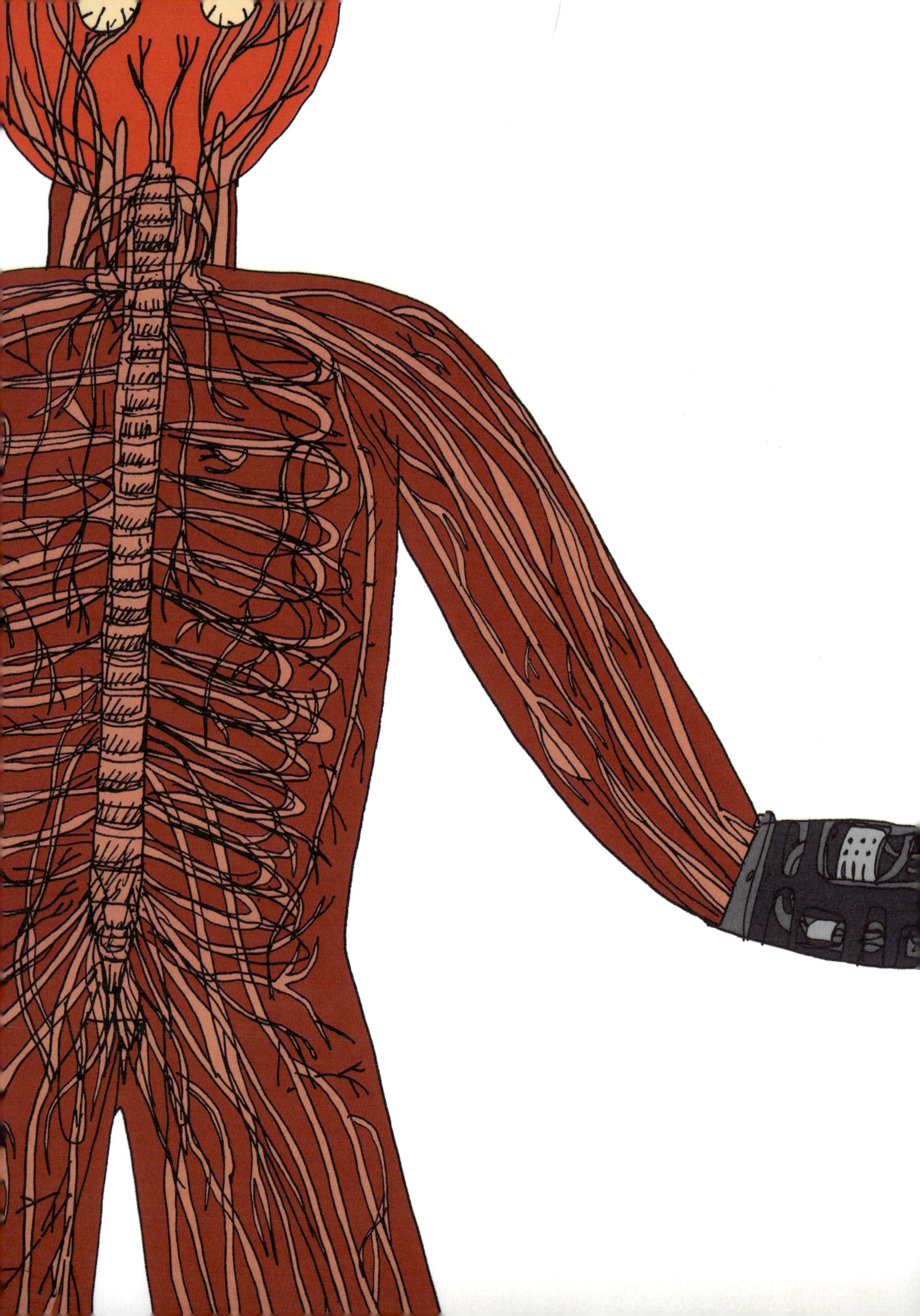

Yoky Matsuoka

Engenheira que inovou na robótica com seus estudos e inventos. Ela criou dispositivos robóticos para ajudar pessoas com deficiência a ter mais mobilidade. Esses dispositivos podem ser controlados pelo paciente por meio de estímulos cerebrais.

Zigue-zague

É quando seu robô anda em linha reta, mudando a direção para a direita e para a esquerda, em movimentos contínuos e alternados. Você pode programar seu robô para superar alguns obstáculos andando em zigue-zague.

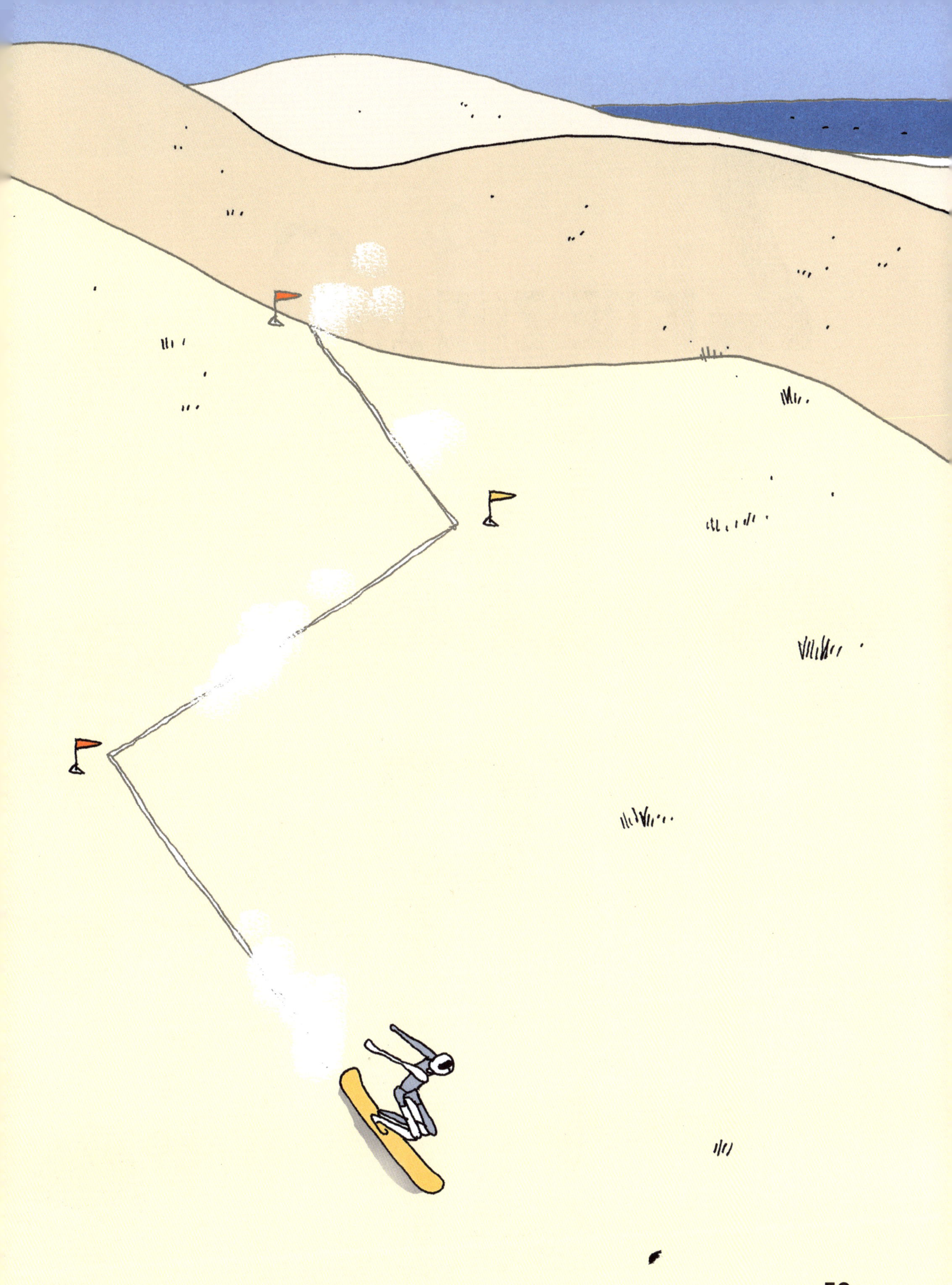

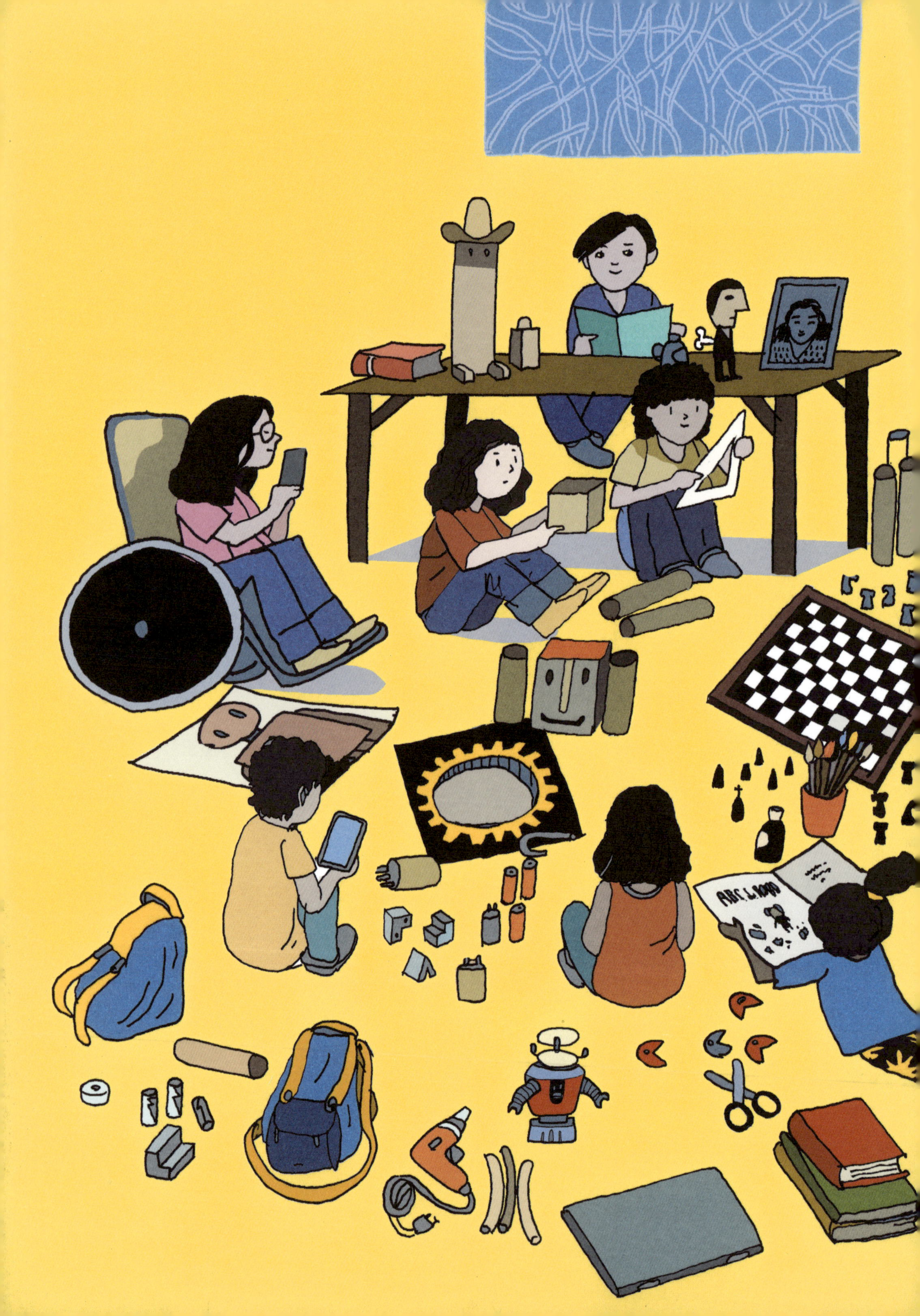

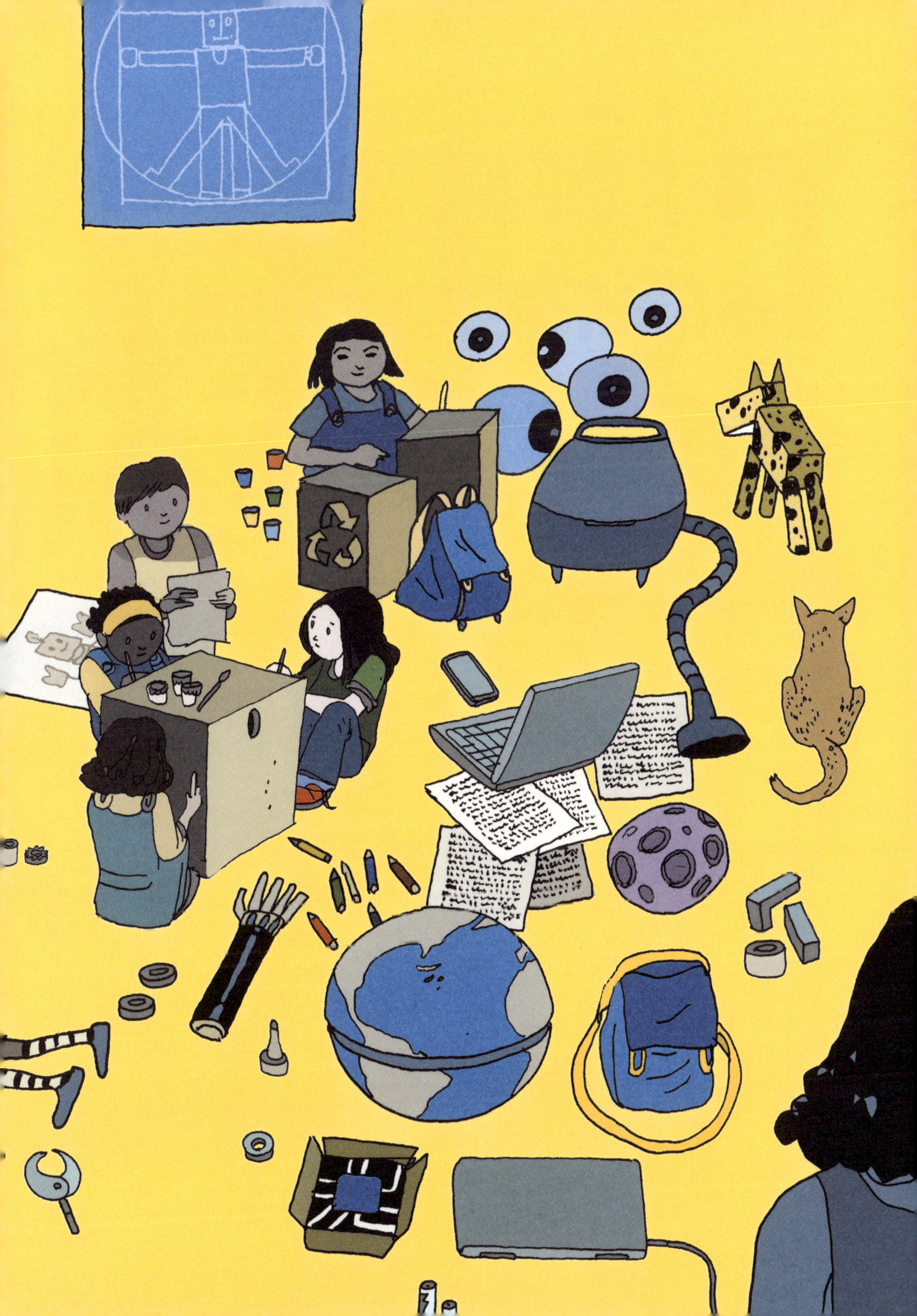

Caixa de palavras

ALGORITMO

Algoritmos são um conjunto de instruções ou comandos de programação que podem ser executados pelo seu robô. Vamos lá, tente mandá-lo fazer alguma coisa inteligente, como jogar uma bolinha de papel no cesto de lixo!

APRENDIZADO DE MÁQUINA

Sabe a sua capacidade de aprender com a experiência? Sim, você aprende que o fogo queima, que o gelo congela e que a chuva molha, e isso tudo a partir da experiência. Agora, imagine programar um computador para ele aprender também a partir de experiências. Isso é Aprendizado de Máquina.

ASH

Esse é o nome do robô do filme *Alien, o oitavo passageiro*. Ele é um dos mais sofisticados robôs inventados no cinema. Incrivelmente parecido com um ser humano! O filme é muito bom e... aterrorizante. Quando chegar o momento (mais de catorze anos), você vai poder ver e vai sentir muito medo. Temos certeza disso. Acho que já demos *spoiler* demais por hoje!

ASIMOV

Isaac Asimov foi um grande escritor de ficção científica. Escreveu, entre outros clássicos, o livro *Eu, robô*. Se você gosta de robôs, não deixe de ler esse incrível livro de contos.

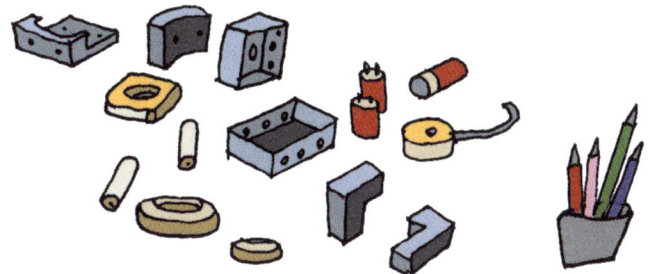

BiG DATA

Nome que se dá ao gigantesco volume de informações que produzimos para nos comunicarmos na internet. Todos esses dados são processados e usados para os mais diversos fins. Dá para fazer muita coisa com eles. Coisas boas, como prever doenças e epidemias, e coisas ruins, como distribuir notícias falsas (*fake news*) ou perseguir pessoas. É preciso ficar atento.

BiT

É a menor fração possível de uma informação. O *bit* pode assumir só dois valores, um de cada vez: o zero e o um. Ou seja, desligado ou ligado. Foi com esse elemento tão pequeno que se construiu toda a ciência por trás da computação e também da robótica. Como pode, não é? Uma coisa tão pequena virar algo tão grande e complexo.

BOT

Ele parece um robô porque é pré-programado para repetir uma ordem indefinidamente. Tem até um nome parecido com robô, mas na verdade ele é apenas um programa de computador. Ele é um *bot*. Uma espécie de robô virtual.

BYTE

Um *byte* é composto de oito *bits*. Ou seja, um *byte* é uma sequência de oito possíveis zeros e uns. Com um *byte* é possível representar qualquer letra, número ou caractere do teclado do seu micro ou celular. Quantos *gigabytes* tem a memória do seu equipamento? Quanto mais, melhor.

C-3PO

Esse é o nome de um dos robôs mais famosos do cinema. O robô resmungão do filme *Star Wars* (que você pode ver, se tiver mais de dez anos). Ele fazia dupla com o simpático robô, especialista em manutenção de espaçonaves, R2-D2. E o seu robô vai ser especialista em quê? Ver filmes e comer pipoca?

CABO

Fio metálico que serve para conectar as partes do seu robô. Existem cabos de energia e cabos de dados, por onde passam as instruções para o robô.

CÓDIGO

É o mesmo que "programa". Um conjunto de instruções para o robô executar uma tarefa. Existem várias linguagens de programação, como o Scratch e o Blocky, por exemplo. Você já programou seu robô com uma dessas linguagens?

CONEXÃO

Os robôs são formados por diversas partes e componentes. As conexões ligam essas partes dando unidade ao robô. Também é possível conectar alguns robôs em um computador para que recebam instruções e comandos.

CURIOSITY

Esse é o nome do robô que a Nasa, a agência espacial dos Estados Unidos, enviou para o planeta Marte em 2011. Complexo e sofisticado, tinha a missão de passear pelo planeta vermelho, colher amostras e tirar fotografias. Hoje esse robozinho está lá abandonado, sem energia. Ele cumpriu muito bem seus objetivos. Robô valente!

DESLOCAMENTO

É quando seu robô sai do ponto A e vai até o ponto B ou além! Qual foi a maior distância que seu robô já percorreu?

ENERGIA

Ela movimenta motores, acende luzes e dá movimento ao seu robô. De onde vem a energia que você usa no seu robô?

EQUIPE

Para montar grandes robôs e realizar projetos complexos é melhor trabalhar em equipe. Crie seu projeto, monte uma equipe e bote a mão na massa! Não existem limites para uma boa equipe.

ÉTICA

Ética é fazer o certo porque é o certo a fazer. Você não programa seu robô para fazer coisas que possam prejudicar alguém, porque seria errado. Isso não seria ético.

FUTURO

Futuro é tudo que vem depois de agora. É quando os robôs estarão ainda mais inteligentes e sofisticados. Você já começou a construir seu robô para o futuro?

HAL 9000

Nome do supercomputador do filme *2001 – Uma odisseia no espaço*, que controla uma nave gigantesca que está levando astronautas para o planeta Júpiter. Quer saber o fim dessa história? Assista ao filme!

HÉLICE

São ótimas para usar em um drone ou robô voador. Já pensou? Vamos inventar um robô-drone ou um "robdrone"? Ops, essa palavra ainda não existe. Já estamos inventando algo!

HUMANO

Eu, você e todas as pessoas que existem somos humanos. Nós, humanos, temos a capacidade de imaginar e construir robôs. De todos os seres vivos deste planeta, somente nós temos essa capacidade. É muita responsabilidade! Você já parou para pensar nisso? Que tipo de robô você vai construir?

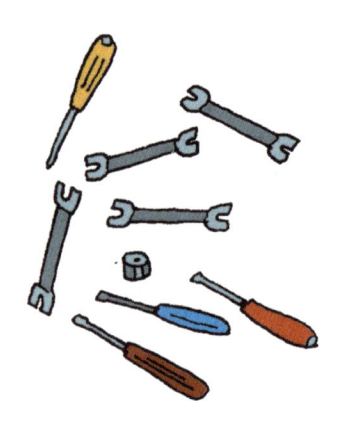

IMAGINAÇÃO

É o primeiro lugar em que o seu projeto aparece. Vamos imaginar e realizar o seu projeto?

INTERNET DAS COISAS

Atualmente quase tudo pode ser conectado à internet. Desde uma lâmpada, passando pelo forno de micro-ondas e pela persiana da janela do seu quarto e também a TV. Você pode usar seu celular para acender a lâmpada ou mudar sua cor, ligar o micro-ondas para fazer pipoca, fechar a persiana, ligar a tevê. Assim, quando você chegar em casa, vai estar tudo pronto para assistir àquela série do momento. Graças à internet das coisas.

LED

Lâmpada pequenina que pode ser usada para que seu robô emita luzes. É uma sigla em inglês que quer dizer *Light Emitting Diode* (diodo emissor de luz).

LEIS

As três leis da robótica foram inventadas pelo escritor Isaac Asimov, descritas no livro *Eu, robô*. Segundo essas leis: "1. Um robô não pode ferir um ser humano ou, por inação, permitir que um ser humano sofra algum mal; 2. Um robô deve obedecer às ordens que lhe sejam dadas por seres humanos, exceto nos casos em que tais ordens entrem em conflito com a primeira lei; 3. Um robô deve proteger sua própria existência, desde que tal proteção não entre em conflito com a primeira ou a segunda lei". Vida de robô não é nada fácil!

MÃO NA MASSA

Pôr a mão na massa é começar a fazer algo. É parar de enrolar e começar. Vamos lá. Bote a mão na massa e comece a construir seu projeto.

MARVIN

Marvin é um robô que tem uma inteligência 50 mil vezes maior do que a de um ser humano. Acontece que ele é usado apenas para abrir portas e fazer pequenos trabalhos. Isso explica por que Marvin é tão entediado e triste. Ah, ele é personagem do livro *O guia do mochileiro das galáxias*, de Douglas Adams, que depois deu origem a um filme. Muito bom. Assista (se tiver mais de dez anos), você vai gostar!

MECATRÔNICA

Junte Mecânica, Elétrica, Eletrônica e Engenharia. Misture tudo em uma atividade de descobertas e invenções, e você terá a Mecatrônica. Divirta-se!

MISSÃO

Missão é um conjunto de tarefas que o robô tem que executar para atingir um objetivo definido. Geralmente são desafiadoras e complexas, mas precisam ser possíveis. Senão vira filme.

OBEDECER

Um bom robô obedece ao dono e aos comandos de programação. Não queremos robôs rebeldes, não é?

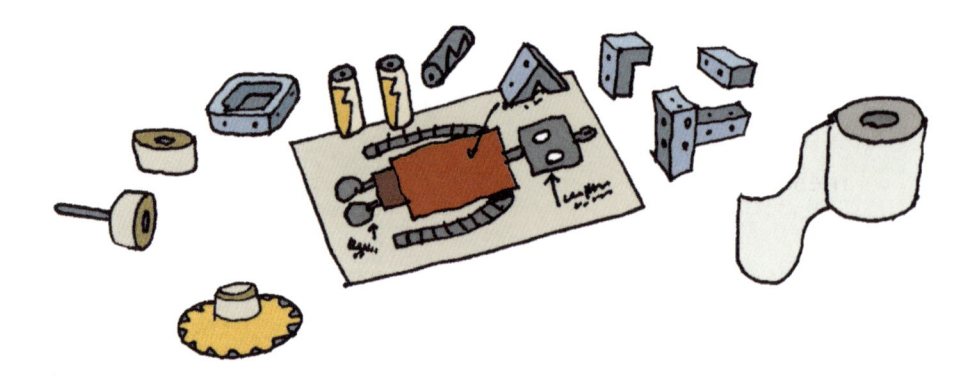

PRIVACIDADE

Ninguém pode usar seus dados e informações sem que você autorize. Isso é privacidade. Você deve proteger seus dados e manter sua privacidade. Isso é muito importante.

PROJETO

É quando sua ideia começa a sair da imaginação e vai para o papel ou para o computador. Geralmente, coisas complexas com muitas partes e fases, como programas de computador, carrinhos de rolimã ou campeonato de futebol, devem ser projetadas antes. É mais fácil seguir um projeto do que ficar improvisando.

PROMPT

Em Inteligência Artificial (IA), *prompt* é a ordem ou o modelo de pergunta que fazemos a uma inteligência artificial. Quanto mais bem elaborado o *prompt*, melhor será o resultado obtido da IA.

ROLIMÃ

Alguns pedaços de madeira, pregos, parafusos, rolamentos de metal e muito trabalho e criatividade fazem um carrinho de rolimã. Isso é diversão ladeira abaixo.

SUCATA

Seu robô pode ser feito de sucata. É só olhar à sua volta e procurar. Quase tudo pode ser reaproveitado.

TRANSFORMAR

Transformar um monte de peças e sucata em algo útil e divertido. Isso é o mundo *maker*. É o mundo mão na massa.

TRECO

É como chamam seu robô quando ele fica muito esquisito. Para você, ele sempre será lindo!

VOLT

Quantos *volts* tem uma pilha? *Volt* é medida de energia, da mesma forma que quilômetro é de distância, minuto é de tempo, decibel é de som. É assim mesmo, precisamos que tudo possa ser medido. Como será que se mede a curiosidade?

VOYAGER

O programa *Voyager* lançou ao espaço duas sondas robóticas: *Voyager I* e *II*. Essas naves-robôs são os objetos construídos pelo homem que chegaram mais longe ao espaço. A esta hora, elas estão muito além do Sistema Solar. Elas são as nossas viajantes do espaço.

X e Y

As coordenadas x e y são importantes para localizar seu robô em determinado local. Elas também são importantes para dizer ao seu robô aonde ele deve ir. Experimente dar o comando: "Robô, vá para as coordenadas x5, y2". Vamos ver onde ele vai parar.

XADREZ

Assim como no jogo de xadrez, é preciso planejar os movimentos e antecipar as jogadas do adversário. Para programar seu robô, você também precisa calcular as possibilidades e codificar as instruções.

YIN-YANG

Este interessante conceito oriental diz que tudo que existe no mundo tem dois lados: a noite e o dia, o branco e o preto, o frio e o calor, e por aí vai. O que isso tem a ver com seu robô? Tudo. Pense que os robôs e todos os computadores são programados com linguagem binária, formada por zeros e uns.

CARLOS SEABRA

Nasci em Lisboa, em Portugal, e com catorze anos vim para o Brasil. Moro em São Paulo, onde casei, tive três filhos e hoje tenho três netos.

Desde pequeno me interesso por tecnologia, exploração espacial, computadores e robótica. Comecei bem novo a trabalhar em editoras e a estudar programação. Depois criei sites na internet e também inventei jogos de tabuleiro (como o War II e o Zener) e desenvolvi projetos com robótica para escolas.

Sou autor de alguns livros para crianças, como *Pequenas histórias sem fim* e *O livro dos jogos das crianças indígenas e africanas*. Também escrevo haicais e microcontos, além de artigos sobre tecnologia e educação.

SÉRGIO MACIEL

Nasci em Porto Alegre em 1961 e hoje moro em São Paulo. Trabalho com tecnologia educacional há mais de vinte anos, criando e coordenando projetos de robótica e mecatrônica, entre outras atividades. Hoje escrevo livros para crianças, tendo publicado com a Dulce Seabra os livros *Curumim Abaré imitando os animais*, *ABC dos direitos humanos* e *O Senhor Lin conserta tudo*. E também sou autor de algumas histórias da coleção Conte Outra Vez.

Para mim, tecnologia não são só computadores, teclados e telas. Entendo tecnologia como o domínio de conhecimentos e ferramentas diversas, capazes de nos ajudar a transformar o mundo à nossa volta, de acordo com as nossas necessidades. Dá para fazer tudo que quisermos – com inteligência, conhecimento e ferramentas. Com isso podemos mudar o mundo.

Os autores

GUAZZELLI

Nasci em Vacaria, cidade gaúcha que ajuda a fazer do Brasil um país variado, pois de vez em quando tem neve por lá. Fui cedo para Porto Alegre e lá comecei a trabalhar com ilustrações para livros infantis, criação de histórias em quadrinhos e arte para desenhos animados. Cresci cercado pela grande biblioteca dos meus pais: lia enciclopédias, livros de aventura e de história, às vezes até de terror (mas estes só de dia). Então descobri os robôs e outros sonhos de futuro e viajei com um deles numa série chamada *Perdidos no espaço*, passando por muitas galáxias da imaginação.

Depois de alguns anos em São Paulo, me mudei em 2020 para uma ilha muito bonita que tem uma ponte maravilhosa, onde, com sorte, dá para ver baleias na primavera. (Sabe onde fica Florianópolis?) Hoje eu vejo o futuro acontecer todos os dias, com muitas maravilhas que eram sonho na minha infância.

trix